Ár bo les

por todas partes

Rosanela Álvarez

Fotografías de Jill Hartley / Ilustraciones de Leonel Sagahón

LA OTRA ESCALERA

CASTILLO

FOAL

Las ramas y las hojas
del árbol forman la
copa, la parte más alta
del árbol. Por las hojas,
el árbol respira.

El tronco sostiene
las ramas y hojas.
El tronco está cubierto
por la corteza, que
es como la piel
que lo protege.

Las raíces toman
el agua y los nutrientes
de la tierra.

para cada cosa
y para cada quien
existe un nombre

Carlos Pellicer
(1897-1977)

Seguramente un día te has sentado a descansar a la sombra de un árbol; posiblemente has trepado en alguno o te has columpiado en una cuerda amarrada a una rama muy fuerte. Quizá has visto cómo algunos árboles se quedan sin hojas en ciertos meses del año y cómo, después, vuelven a brotarles otras nuevas, muy verdes. Es casi seguro que has visto algún pájaro posado en una rama o una lagartija trepar por un tronco.

Los árboles pertenecen a la familia de las plantas, pero se distinguen de las demás porque tienen una parte leñosa a la que llamamos tronco.

Los árboles están vivos, así que —como los animales y los humanos— también respiran y se alimentan. Sin embargo, los árboles no cambian de lugar: permanecen en el mismo sitio donde nacieron, hasta que mueren.

Como casi todas las plantas, los árboles nacen de una semilla. Las semillas caen en diferentes lugares llevadas por el viento, el agua o por aves e insectos.

EU

El tronco de este árbol es recto, su corteza está marcada con surcos o grietas.

El fruto seco

liquidámbar
Un árbol de colores

Las hojas

El fruto verde

El liquidámbar tiene ramas que crecen hacia arriba. Su copa es de forma piramidal.

Las hojas de este árbol son planas y tienen tres y a veces cinco puntas. Son verdes cuando nacen en la primavera. Después, durante los meses de noviembre a febrero, antes de caer de las ramas, las hojas adquieren tonalidades que van del amarillo al naranja y el rojo, llenando de estos colores los lugares donde habitan.

El fruto, una esfera con puntas, guarda seis u ocho semillas que vuelan con el viento para caer al suelo y dar vida a nuevos árboles.

Hay liquidámbares desde México hasta Centroamérica.

5

La ceiba

Un árbol mágico

Cuando la ceiba da frutos, pierde las hojas.

Muchos árboles han sido considerados como dioses o seres con poderes mágicos. La ceiba, también conocida como *pochote*, es uno de ellos; los antiguos mayas la sembraban en el centro de sus plazas y en sus casas. Creían que era un árbol que los protegía de las cosas malas, así que no se atrevían a cortarlo.

La ceiba es un árbol de copa extendida, con pocas ramas que crecen hacia los lados, y da mucha sombra.

Este árbol da flores rojas. Tiene un fruto que cuelga de las ramas. En su interior guarda una fibra sedosa parecida al algodón, que ha sido utilizada para hacer colchones. Dentro del fruto también hay numerosas semillas con vellitos.

El fruto

El tronco de
la ceiba es alto
y grueso.
La corteza
presenta
pequeñas
espinas.

*El fruto del naranjo cambia del verde
al amarillo y de éste al naranja; se suele
comer cuando está fresco, en gajos
y como jugo, pero también se utiliza
para preparar conservas y mermeladas.*

La flor de azahar

El naranjo
Un árbol cítrico

Este árbol, muy conocido por el jugo que bebemos de sus frutos, es originario del sur de China. Actualmente es cultivado en muchos países del mundo, en climas donde no hace mucho frío.

El naranjo tiene copa redonda, con hojas brillantes, de forma ovalada y no llega a ser muy alto. A su flor pequeña y blanca, muy perfumada, se le llama azahar.

El tronco es delgado y suele dividirse en ramas menores.

Las hojas

Los frutos

El cepillo

Un árbol acicalado

La flor del cepillo

Muchos árboles tienen frutos que parecen objetos y por esa razón la gente los ha nombrado de forma curiosa.

El cepillo es muy colorido. Sus flores son de un rojo intenso, con estambres como agujas que parecen las cerdas de un cepillo.

Este árbol adorna parques y calles. Suele ser muy visitado por abejas y colibríes que chupan un líquido muy dulce de las flores, al que se conoce como néctar.

El cepillo crece en lugares de clima templado.

10

Así se ve la flor del
cepillo cuando apenas
está brotando.

Las hojas

*El interior de este fruto
encierra decenas de
semillas en hilera.*

El árbol de las salchichas

Un árbol extraño

El árbol de las salchichas —como se conoce a esta planta en México— es muy exótico, pues tiene frutos muy grandes y pesados, de forma cilíndrica, que cuelgan de ramas gruesas como cuerdas. El árbol llega a ser muy alto y frondoso.

Es originario de África, crece en zonas tropicales, muy calientes y húmedas. Se le puede encontrar en los estados de Morelos, Tabasco y Chiapas, como árbol de ornato.

Algunos pueblos de África utilizan el fruto para hacer una bebida parecida a la cerveza.

Las ramas

El guayabo crece
en regiones tropicales
de América.

Los frutos

Guayabo
Un árbol de fruto delicioso

La guayaba, fruto rico en vitamina C, es redondo, liso y amarillo. A veces, la piel de la guayaba presenta pequeños puntos rojos, como pecas.

En su interior este fruto guarda numerosas semillas blancas. Es muy aromático y de sabor dulce y fuerte.

El tronco del guayabo es liso y se divide en muchos brazos retorcidos que forman las ramas. La delgada corteza se desprende del tronco en rollitos, después de la temporada de lluvias.

Las hojas

La corteza

Tulipán de la

Un árbol florido

El tulipán de la India crece en lugares cálidos. Puede llegar a ser muy alto y frondoso. Sus flores tienen pétalos grandes, de color naranja encendido, y entre ellos asoman los pistilos y los estambres.

Las semillas del tulipán son puntiagudas, con forma de pequeñas espadas.

La flor

Con el néctar de las flores se alimentan aves como el colibrí o insectos como la abeja.

India

Las hojas del tulipán tienen nervaduras muy visibles. Por esas pequeñas venitas llega el alimento y el agua desde la raíz del árbol a las hojas.

El tronco de este tulipán no es uno solo. Como puedes ver aquí, nace dividido desde el suelo.

El colorín

Un árbol con estuches

La hoja

El colorín, originario de México, es un árbol de copa redonda con hojas en forma de corazón que caen durante el otoño.

Sus semillas son frijolitos de color rojo que permanecen por un tiempo en el árbol dentro de vainas. Estas vainas son una especie de estuches cerrados en donde las semillas se desarrollan. Cuando los frijolitos están maduros, la vaina que los encierra se seca y se abre por los dos lados, para que las semillas salgan y se rieguen en el suelo.

La flor

ahuehuetes
Árboles extraordinarios

L os ahuehuetes son árboles que pueden
alcanzar gran altura y suelen estar sostenidos
por troncos muy anchos.

En la ciudad de México existe un ahuehuete
histórico: el "árbol de la noche triste". Se cuenta que
bajo sus ramas, Hernán Cortés y los soldados
que lo acompañaban pasaron una larga noche,
muy tristes y cansados por haber sido derrotados
en una batalla contra los mexicas.

Cerca de la ciudad de Oaxaca, en Santa María
del Tule, existe el árbol más voluminoso del mundo: un
ahuehuete cuyo tronco puede ser rodeado
por decenas de personas tomadas de las manos.

Las hojas

El fruto y las semillas

El pirul

Un árbol resistente

Las hojas

La fronda

El pirul es un árbol traído del sur de América y es muy común en todo México.

Crece en lugares y tierras donde otros tipos de árboles no pueden vivir, pues se mantiene con poca agua y resiste los sitios fríos y los de calores extremos.

Tiene semillas en forma de pequeñas pelotitas, envueltas con una cubierta rojiza y muy delgada, que parece papel de china.

Tiene muchas ramas con multitud de hojas angostas y siempre verdes, que tienen mucho olor y resultan pegajosas si las frotas con las manos.

La corteza

22

Las semillas

Las semillas se usan
omo alimento de pajaritos.

Los árboles están por todas partes. Podemos encontrarlos en el campo, en los parques, en las playas, en las selvas, en los desiertos, en lo alto de montañas, junto a ríos y lagos, en las calles, en algunas casas y también en los patios de las escuelas.

Hay árboles que nos regalan sus frutos, sus flores o sus hojas para alimentarnos. Algunos tienen maderas que utilizamos para construir cosas; otros tienen sustancias que ayudan a curar enfermedades. Todos limpian el aire que respiramos y ayudan a atraer las lluvias, que riegan la tierra. Los árboles, además, embellecen nuestros paisajes.

Todos los árboles que conociste en este libro viven en México. Has podido observar sus partes y ahora podrás identificarlos por sus nombres cuando los encuentres, pues, como dijo el poeta Carlos Pellicer: "para cada cosa y para cada quien existe un nombre".

MAR ‒ ‒ 2006